Atila el Huno

Una guía fascinante del gobernante de los hunos y sus invasiones del Imperio romano

© Copyright 2020

Todos los derechos reservados. Ninguna parte de este libro puede ser reproducida de ninguna forma sin permiso por escrito del autor. Los revisores pueden citar breves pasajes en las reseñas.

Descargo de responsabilidad: Ninguna parte de esta publicación puede ser reproducida o transmitida en cualquier forma o por cualquier medio, mecánico o electrónico, incluyendo fotocopia o grabación, o por cualquier sistema de almacenamiento y recuperación de información, o transmitido por correo electrónico sin permiso por escrito del editor.

Si bien se han realizado todos los intentos de verificar la información proporcionada en esta publicación, ni el autor ni el editor asumen ninguna responsabilidad por errores, omisiones o interpretaciones contrarias del objeto en el presente documento.

Este libro es sólo para fines de entretenimiento. Las opiniones expresadas son sólo de autor, y no deben tomarse como instrucciones o comandos de expertos. El lector es responsable de sus propias acciones.

La adhesión a todas las leyes y regulaciones aplicables, incluidas las leyes internacionales, federales, estatales y locales que rigen las licencias profesionales, las prácticas comerciales, la publicidad y todos los demás aspectos de hacer negocios en los EE. UU., Canadá, Reino Unido o cualquier otra jurisdicción es responsabilidad exclusiva del comprador o lector.

Ni el autor ni el editor asumen ninguna responsabilidad en nombre del comprador o lector de estos materiales. Cualquier desprecio percibido de cualquier individuo u organización es puramente involuntario.

Tabla de contenidos

INTRODUCCIÓN 1
CAPÍTULO 1 - LOS ORÍGENES DE ATILA Y LOS HUNOS 3
CAPÍTULO 2 - LAS GUERRAS DE LOS HUNOS ANTES DE ATILA 9
CAPÍTULO 3 - UNA ALIANZA ENTRE LOS HUNOS Y LOS ROMANOS.12
CAPÍTULO 4 - ATILA ATACA A LOS BIZANTINOS 17
CAPÍTULO 5 - ATILA ATACA A LOS BIZANTINOS DE NUEVO 22
CAPÍTULO 6 - ATILA ARRUINA UNA PARCELA BIZANTINA 24
CAPÍTULO 7 - LA ESTRATEGIA DIPLOMÁTICA DE ATILA EVOLUCIONA EN OCCIDENTE 30
CAPÍTULO 8 - ATILA ASALTA LA GALIA 33
CAPÍTULO 9 - ATILA ATACA ITALIA 39
CAPÍTULO 10 - LA DESINTEGRACIÓN DEL REINO DE ATILA 42
CONCLUSIÓN 45
VEA MÁS LIBROS ESCRITOS POR CAPTIVATING HISTORY 48
LECTURA ADICIONAL 49

Introducción

En la imaginación popular, Atila el Huno es uno de los líderes más bárbaros de la historia. Sus guerreros tienen la reputación de ser despiadados, crueles y estar sedientos de sangre. Además, se cree que los hunos son salvajes carentes de cualquier sentido de cultura civilizada. Los hunos violaban y saqueaban cada vez que les surgía la oportunidad. Sus incursiones en tierras que estaban mal protegidas durante el desmoronamiento del Imperio romano se convirtieron en legendarias. Se cree que los hunos bajo el mando de Atila han sido en gran parte responsables del colapso del Imperio romano y del comienzo de la Edad Oscura en Europa. Pero la reputación de Atila y su gente, los hunos, no se corresponde con la realidad. Los pocos registros históricos que existen sobre su carácter y sus acciones revelan una historia muy diferente. Es cierto que era un líder calculador que era experto en liberar a sus feroces luchadores cuando era necesario. Y, según los registros documentales, parece que fue una preocupación constante para los romanos. Sin embargo, visto bajo el prisma histórico, Atila actuó de manera común entre los líderes, tanto romanos como bárbaros, en la primera mitad del siglo V. Lo extraordinario en él fueron sus asombrosas habilidades para negociar con poderes superiores, su capacidad para superar a sus enemigos con un comportamiento artero, y sus éxitos como estratega militar en el campo de batalla.

Capítulo 1 – Los orígenes de Atila y los hunos

El momento histórico en el que Atila nació, a principios de los años 400, demostró ser un factor determinante en sus triunfos de guerra y en su gestión de la expansión de los hunos. Los pueblos habían llegado a un grado de madurez suficiente para que fuera posible que surgiera un adversario que desafiara a los romanos altamente civilizados y a las tribus bárbaras menos civilizadas.

Atila y su hermano mayor Bleda eran hijos de Mundiuch, el hermano de los líderes sde los hunos, Octar y Rua (también conocido como Rugila o Ruga). Hay un considerable debate entre los historiadores modernos sobre cómo se organizó la sociedad huna. Se desconoce si los líderes de los hunos, a quienes los romanos llamaban sus "reyes", eran monarcas hereditarios o guerreros que alcanzaron el dominio basándose en su poder e influencia. Es probable que ganaran su autoridad demostrando su habilidad en la guerra y que compraran la lealtad a través de la distribución de recompensas monetarias. Los líderes hunos mantuvieron su dominio erradicando brutalmente a cualquiera que los desafiara.

Atila y Bleda fueron instruidos en el arte de la guerra siendo jóvenes. Recibieron lecciones de combate a caballo, tiro con arco, lucha con espada y el uso del lazo. La excelencia en la equitación era una necesidad entre los hunos. Esta habilidad era imprescindible en sus dos principales medios para ganarse la vida: como pastores nómadas y como saqueadores de pueblos vecinos. Ambas formas de vida se alternaban. Algunos miembros masculinos de la familia permanecían en las llanuras, mientras que otros se iban a la guerra.

Además de aprender sobre las artes de la equitación, el tiro con arco y la espada, Bleda y Atila adquirieron conocimientos sobre las acciones de sus antepasados. Crecieron escuchando las leyendas y sagas de los hunos, ya que las historias de sus guerras y luchas por el poder se recogían en canciones y poemas que se transmitían oralmente. Algunas de estas piezas literarias se han conservado en compilaciones medievales y renacentistas.

No hay registro de si la formación de Atila y Bleda implicó una educación en habilidades más refinadas. Algunos han dicho que aprendieron a hablar el idioma de sus vecinos godos y el de los romanos. La noción de que los hermanos adquirieron cierto conocimiento del latín se debe al hecho de que un soldado romano de alto rango llamado Flavio Aecio estaba presente como rehén en la corte de Uldin y luego en la corte de Charaton entre los años 410 y 425 d. C.

Los hermanos, que se convertirían en reyes de los hunos, nacieron en algún lugar de la Gran llanura húngara, probablemente en un pueblo sedentario en lugar de un campamento de pastores nómadas. El asentamiento en el que nacieron fue probablemente construido alrededor de un palacio muy modesto en el que los hunos de mayor rango aconsejaban a los dos monarcas. A partir de este rudimentario complejo de edificios los más poderosos de los hunos ejercieron el control con una soberanía centralizada sobre una población rural de pastores nómadas. Estos nómadas siguieron a sus rebaños de caballos, ovejas y cabras mientras pastos más verdes.

Aunque los historiadores sí saben qué tipo de profesiones emprendieron los hunos, otros aspectos siguen siendo un misterio.

Por ejemplo, qué idioma hablaban los hunos es completamente desconocido. Como su cultura era oral no dejaron textos escritos. Lo poco que sabemos de los hunos es a partir de a una mezcla de escritos de autores griegos y latinos cuyos informes están naturalmente influidos por los prejuicios. Un ejemplo de esto es el relato de Amiano Marcelino, quien a finales del siglo IV escribió que los hunos "exceden cualquier definición de salvajismo". Dijo que se distinguían por sus "extremidades compactas y robustas y cuellos gruesos" y que eran "tan horriblemente feos y distorsionados que podían ser confundidos con bestias de dos patas". Marcelino continuaba diciendo que, aunque los hunos parecían humanos, comían su comida cruda, usaban ropa hecha de pieles de ratón y de cabra, dormían fuera en el frío y eran inmunes al hambre y la sed. Para Marcelino, un hombre que ni siquiera pudo haber visto a los hunos y cuyos conocimientos se limitaban a escritos de terceras partes, los hunos eran todo lo que los romanos no eran. Y fueron clasificados como bárbaros.

Debido a que el registro histórico de los hunos es solo fragmentario, los estudiosos han recurrido a la evidencia arqueológica para arrojar algo de luz sobre el tipo de cultura en la que Atila y Bleda crecieron hasta la madurez. Los resultados de la investigación arqueológica, sin embargo, son casi tan escasos como los textos escritos. Sabemos por la arqueología lo que los hunos no tenían. No construyeron casas permanentes de piedra. Sus ciudades ni siquiera tenían muros de piedra. Hasta la fecha no ha habido hallazgos arqueológicos que revelen los contornos del tipo de viviendas de madera descritas por un escritor que visitó la corte de Atila en 449. Las excavadoras en Hungría han desenterrado varios calderos metálicos y solo unos 200 lugares de entierro. Y los montículos funerarios hunos contienen solo unos pocos objetos que pueden informarnos de su cultura material. Por ejemplo, algunos de los cráneos hallados muestran signos de aplanamiento artificial; parece que cuando eran bebés, los hunos tenían la cabeza atada con tablas. Este tipo de deformación cosmética es común entre varios otros pueblos llamados "primitivos" en todo el mundo.

Los hallazgos arqueológicos más interesantes incluyen rigidizadores óseos utilizados en la fabricación de arcos recurvados, algunos tocados de oro primitivos, y arneses con decoraciones de oro para caballos. Sus joyas, un hallazgo raro en las excavaciones arqueológicas, están decoradas con patrones geométricos simples. Es discutible si fueran fabricados por los orfebres. Es probable que tales objetos duraderos y valiosos no se produjeran localmente, sino que fueran saqueados tesoros de otros lugares.

La cultura de los hunos sigue siendo un enigma para los historiadores y arqueólogos. Sus orígenes son una cuestión de conjeturas. Algunos creen que los hunos se mudaron a la llanura euroasiática desde el norte de China. Desde allí, a mediados del siglo IV, cruzaron el río Volga, obligando a miles de godos a huir y buscar refugio a lo largo del río Danubio dentro del Imperio romano.

La extensión de las llanuras de Hungría era menor que la amplia estepa euroasiática, que es por donde los hunos emigraron a Europa Central a finales del siglo IV. Con menos tierra disponible en Europa Central, los hunos ampliaron su economía para incluir el comercio con los pueblos vecinos. Con el fin de adquirir activos como la moneda romana, el oro y otros objetos de valor que eran mercancías eficientes para el comercio, los hunos se dedicaron a organizar robos o saqueos a tribus vecinas y a los romanos. Sin embargo, no hay pruebas de que se tratase de un medio de ingresos tradicional antes de que los hunos llegaran a Europa.

La migración de los hunos a través del Volga a Europa Central podría haber sido causada por el cambio climático o por la presión de otros pueblos migratorios hacia el oeste que abandonaban Asia. A medida que se movían hacia el oeste, los pastores hunos errantes, que viajaban en vagones con sus escasas posesiones materiales, entraron en contacto con otras tribus que ya ocupaban tierras de pastoreo. Estos pueblos fueron absorbidos por la cultura huna, que era más fuerte. Sin embargo, todavía conservaron algunas de sus tradiciones existentes. Así, lo que se conoció como el Imperio huno, que se extiende desde las montañas del Cáucaso, las montañas entre el mar Negro y el mar Caspio, hasta el corazón de Europa Central, fue una sociedad multicultural. Para controlar esta población con tanta diversidad étnica se requería perspicacia política. Algunos eran pastores nómadas y otros combinaban la economía pastoral con el cultivo de cultivos y el comercio organizado. El más hábil en centralizar el poder fue Atila, que fue el sucesor de una línea de líderes que desempeñaron papeles menos destacados en la historia de Europa y Asia.

Cuando los hunos se establecieron en Europa Central, el Imperio romano estaba en proceso de desmoronarse. La otrora poderosa autoridad central de los emperadores romanos que ejercieron su poder sobre Europa, Asia y el norte de África se estaba erosionando rápidamente. Los persas sasánidas en el este y las tribus bárbaras previamente pacificadas en el oeste cruzaron las fronteras romanas y pusieron vastas franjas del imperio bajo su soberanía. Según los romanos, habían acabado siendo gobernados por "salvajes".

El debilitamiento del control romano fue el resultado de un mal liderazgo, la corrupción, los motines y asesinatos, junto con una economía en declive, una mayor dependencia de los soldados no romanos poco fiables y la división del imperio en dos en el año 395. La consecuencia inevitable de dividir el otrora poderoso Imperio romano en el Imperio romano oriental, también conocido como el Imperio bizantino, gobernado desde Constantinopla, y el Imperio romano occidental, gobernado desde Rávena, fue una continua rivalidad por el poder. Las conspiraciones casi incesantes de los emperadores orientales y occidentales derivaron en su incapacidad para hacer frente eficazmente a las crisis militares internas y en las fronteras. Había suficientes calamidades para desafiar incluso a los líderes más hábiles. Las tribus de bárbaros que anteriormente se habían mantenido fuera de las fronteras de Roma percibieron un debilitamiento en las fronteras, y atraídos por su riqueza comenzaron a invadir la ciudad. Algunas de las incursiones de los bárbaros en territorios romanos fueron breves. Otras sin embargo acabaron en asentamientos permanentes en territorios tomados por la fuerza. Las legiones romanas estaban mal lideradas, mal entrenadas e infra financiadas.

Capítulo 2 – Las guerras de los hunos antes de Atila

Cuando el emperador bizantino Teodosio II envió sus tropas a Mesopotamia para atacar a los persas en el 422, el rey de los hunos, Rua, con el consentimiento de Octar, aprovechó la situación para llevar a sus guerreros al sur desde la Gran llanura húngara. En barcos y balsas, Rua y sus hombres cruzaron el Danubio, la frontera norte del Imperio bizantino, y siguieron hacia Tracia, que incluía partes de la actual Bulgaria, Grecia y la Turquía europea.

Esta incursión de los hunos era diferente de la idea romana de expansión territorial, ya que los hunos no estaban motivados por la adquisición de tierras. No intentaron crear asentamientos o campamentos militares en territorios conquistados para ejercer una autoridad permanente como los romanos. El único objetivo de la guerra de los hunos era adquirir riqueza a través del saqueo. Como se hará evidente en la cronología de las incursiones húnicas en los imperios romanos oriental y occidental, su éxito económico dependía de la captación de nuevas fuentes de ingresos. Una vez que los hunos habían completado la despolitización de un territorio, era necesario ir a pastos más verdes o esperar a que los romanos y sus pueblos reconstruyeran sus asentamientos. Para los hunos, la economía de saqueo se llevaba a cabo de la misma manera que la economía de pastoreo nómada.

Teodosio, que desconocía la costumbre húnica de la guerra, temía la pérdida del control bizantino sobre las tierras cercanas a su capital, por lo que retiró sus tropas de Mesopotamia y las redistribuyó en Tracia. Después de agotar los recursos para el saqueo, los hunos negociaron su propia retirada de los territorios dentro del Imperio bizantino. Acordaron abandonar las tierras que habían saqueado a cambio de un pago anual del emperador bizantino. Teodosio y Rua diferían en la forma en que se definían estos pagos anuales de 160 kilos de oro. Los hunos consideraron que el tributo era un reconocimiento a su poder superior. El emperador bizantino consideraba la tasa financiera anual como un rescate por los soldados cautivos.

En 430, Octar, el otro gobernante de los hunos, dirigió una expedición de saqueo a través del río Rin hacia la provincia romana de la Galia (actual Francia). Él y sus guerreros barrieron los tesoros de los borgoñeses, una tribu bárbara germánica oriental que los romanos habían permitido a regañadientes establecerse dentro del imperio. Según la mayoría de los historiadores romanos y franceses, los ataques de Octar inspiraron a los borgoñeses a abandonar el paganismo y convertirse al cristianismo. Como cristianos, suplicaron a Dios la liberación del castigo de los hunos. Y la conversión fue aparentemente recompensada. Las oraciones de Borgoña fueron contestadas cuando Octar, después de una noche de glotonería, murió de una indigestión. Los hunos, en ausencia de un líder, se vieron obligados a retirarse, cruzar el Rin y regresar a casa con su botín.

No pasó mucho tiempo antes de que Rua, ahora el único gobernante de los hunos, repitiera su intento de hacerse con el oro bizantino. Teodosio envió a sus tropas de nuevo, esta vez para ayudar en una batalla contra una tribu bárbara germánica oriental conocida como los vándalos, que asediaban a los romanos occidentales en el norte de África. Rua, que pudo haberse sentido agraviado por la falta de rendición de tributos bizantinos, rompió el tratado de paz y aprovechó la oportunidad en el 434 para saquear las ciudades y granjas de Tracia que habían escapado de su primera incursión o habían sido restauradas en el breve período de paz. Además del tesoro, también buscaba a los refugiados de las tribus que habían cruzado el Danubio y se habían unido voluntariamente al ejército bizantino. Se movió audazmente hacia el este, amenazando a Constantinopla. Probablemente fue debido a la repentina muerte de Rua por causas desconocidas que los hunos detuvieron su avance antes de alcanzar su meta. No importa lo atractiva que fuera la oportunidad de saquear la ciudad más rica del mundo, los guerreros hunos eran reacios a continuar sin un comandante fuerte.

La lealtad de los guerreros a un nuevo liderazgo probablemente se estableció cuando regresaron a casa al norte de la Gran llanura húngara. Aunque no hay antecedentes históricos, es posible que entre ellos estuvieran Atila y su hermano Bleda. Es muy probable que ambos fueran guerreros no solo en las dos expediciones de Rua a Tracia, sino también en la incursión del cogobernante Octar a través del Rin.

Sin embargo, lo que se sabe es que con Rua muerto justo antes de sitiar Constantinopla, Atila y Bleda, que eran capaces de usar la fuerza bruta y argumentos inteligentes, se establecieron como cogobernante de los hunos.

Capítulo 3 – Una alianza entre los hunos y los romanos

Había muy pocos romanos en los imperios romanos orientales y occidentales que tuvieran conocimiento de primera mano de la cultura de los hunos. Pero existía un oficial militar de alto rango que sí tenía un buen entendimiento de los hunos. Se llamaba Flavio Aecio y había nacido alrededor del 391 en la actual Bulgaria, no muy lejos de la casa húngara de los hunos. Ascendió en las filas del ejército romano hasta alcanzar un estatus muy alto. Podía servir al emperador romano occidental como rehén para mantener la paz con los pueblos enemigos. Primero fue puesto en manos de los visigodos, que eran la rama occidental de los godos, como garantía contra las represalias romanas contra ellos. Pero esta paz fue seguida por el vandalismo visigodo. El rey Alarico sembró el terror a lo largo del desmoronamiento del Imperio romano, luego en Grecia, y finalmente en Italia en el 401. El ataque de Alarico a Milán en el 402 obligó a la retirada de la corte imperial del Imperio romano occidental para evacuar y establecerse en Rávena. A pesar de que el Senado romano pagó a Alarico y le entregó varios rehenes, entre los que estaba Aecio, los visigodos continuaron su comportamiento belicoso. Acabaron en Roma en el 410. Esto fue un acto puramente simbólico, ya que la otrora gran metrópolis estaba atravesando por tiempos difíciles. Los patricios, o clase dominante, se peleaban continuamente sobre los escasos recursos mientras el Senado era un semillero de intriga. La población general dependía de las limosnas, mientras que la otrora magnífica metrópolis estaba desmoronándose.

Aecio, que había sido rehén de Alarico entre el 405 y el 408, fue trasladado a la corte real de los hunos. Permaneció allí durante la mayor parte del reinado de Uldin y el de su sucesor, Charaton, el predecesor de los reyes Rua y Octar. Aecio probablemente aprendió el idioma huno, y ciertamente se familiarizó con sus costumbres paganas, comprendió su sistema de guerra, y puedo haber llegado a conocer a los jóvenes Atila y Bleda. En aquella época los dos jóvenes estaban perfeccionando sus habilidades con el arco y la equitación. El arco podría haber tenido un interés especial para Aecio. El arco reflejo de madera con rigidizadores óseos fue utilizado por los jinetes cuando se acercaba algún enemigo. Estas armas también eran útiles durante las retiradas, ya que los jinetes podían girar y disparar flechas a los enemigos. Este arco era mucho más mortífero que los arcos largos utilizados por los *sagittarii* romanos, arqueros de infantería o caballería.

Cuando Aecio regresó al servicio en el Imperio romano occidental, el peligroso y ambicioso general cayó en desgracia y fue expulsado de la corte en Rávena. Su vuelta al poder se produjo por insistencia de los hunos que, después de la muerte del emperador romano occidental Honorio en el 423, obligaron a Gala Placidia a aceptarlo como asesor. Gala Placidia era la extraordinariamente poderosa media hermana de Honorio. Ambos eran hijos del emperador bizantino Teodosio I. Probablemente Aecio presionó diciendo que, si no era promovido, los hunos invadirían la ciudad imperial. En ese momento, Gala Placidia estaba luchando por establecer su papel como regente del Imperio Occidental. Ella luchó para establecer su autoridad imperial hasta que su hijo pequeño Valentiniano tuviera la edad suficiente para gobernar. Y Aecio se deshizo de cualquier oposición a su influencia y exigió que Gala lo nombrara comandante de todas las tropas romanas occidentales. Ella, sin embargo, rechazó la audaz demanda de Aecio. Con la muerte del rey Octar y la retirada de las fuerzas húnicas a través del Rin, Gala Placidia consideraba que la amenaza no tenía fundamento. Envalentonada por la aparente debilidad de Aecio, convirtió a Bonifado, un comandante de los ejércitos romanos occidentales, en su enemigo. Bonifacio y Aecio dirimieron su poder en el campo de batalla en el 432. Aunque las tropas de Bonifado prevalecieron, murió poco después por las heridas que sufrió en combate. Aecio escapó del castigo navegando a través del mar Adriático y se dirigió a la corte de la Rua, el único gobernante de los hunos. Se desconoce si Atila y Bleda estaban al tanto de las negociaciones entre Rua y Aecio. Como parte de su formación en funciones políticas, podrían haber escuchado algo mientras Aecio intentaba convencer a Rua de que acudiera en su ayuda en la lucha por el poder en Italia. Según algunas fuentes, tuvo un cierto éxito en sus tratos con los hunos y regresó a Italia con un contingente de hunos en su séquito. Otros, sin embargo, afirman que Aecio fracasó en sus súplicas. Una vez que regresó a Italia, convenció a Gala Placidia de que los hunos pronto vendrían en su ayuda. Aunque se trataba de una afirmación falsa, el regente no estaba en posición de arriesgar su poder, por lo que nombró a Aecio como comandante militar supremo del Imperio romano occidental en el 433.

En su papel de comandante de todas las tropas romanas en Occidente, Aecio se enfrentó a una tarea desalentadora. El Imperio occidental tenía graves dificultades. El reino visigodo, ahora firmemente establecido en Toulouse, amenazaba con la expansión. En el norte de Francia, los bagaudas, una alianza de pequeños terratenientes, se habían rebelado; y al este, a lo largo de la orilla oeste del Rin, los borgoñeses amenazaban con un ataque. Aecio recurrió a los hunos en busca de ayuda para recuperar el control firme sobre la Galia. En el 435, negoció con los nuevos reyes Atila y Bleda, ofreciendo un acuerdo por el que los hunos no encontrarían oposición al cruzar el Danubio y entrar en las provincias romanas de Panonia y Valeria. En efecto, a los hunos se les dio rienda suelta al saqueo en una parte del Imperio romano occidental. A cambio, los hunos acordaron suministrar guerreros para ayudar a las tropas romanas de Aecio a atacar a los enemigos de Roma en la provincia de la Galia. Lo que atrajo a Atila y Bleda de esta oferta fue la oportunidad de establecer una frontera firme con el Imperio romano occidental destruyendo a los borgoñeses, que en cualquier momento podían moverse hacia el este, cruzar el Rin y entrar en la Gran llanura húngara. Atila, que demostraría ser un brillante pensador estratégico, reconoció que, si los hunos podían erradicar a los invasores potenciales a través del Rin en la Galia y a través del Danubio, él y su hermano podrían desplegar sus guerreros hacia el sur donde podrían librar la guerra con el objetivo de adquirir tesoros en la capital fabulosamente rica del Imperio bizantino, Constantinopla.

Los hunos lograron destruir a los borgoñones. Tal vez impulsados por el recuerdo de su propia derrota bajo Octar, fueron masacrados y saqueados. Se desconoce cuántos guerreros hunos lucharon en esta expedición; sin embargo, el número de borgoñeses masacrados en esta limpieza étnica puede haber alcanzado los 20.000. Los aliados romanos cristianos de los hunos estaban horrorizados por el exterminio. Sin embargo, para los romanos era un pequeño precio a pagar por la eliminación de un obstáculo que permitió a las tropas romanas de Aecio avanzar hacia el norte con los hunos y someter a los insurgentes bagaudas. Los ejércitos romanos y hunos se trasladaron entonces al sur para hacer frente a los visigodos, que habían partido de su base en Toulouse y asediado el puerto mediterráneo de Narbona, que fue salvado por las fuerzas romanas y los hunos. Los ejércitos unidos asediaron entonces Toulouse. Se produjo una considerable consternación entre los romanos cristianos cuando los hunos, en vísperas de entrar en batalla, consultaron a sus dioses paganos a través de adivinos. En una escaramuza fuera de los muros de Toulouse, el general romano que lideraba la fuerza expedicionaria fue capturado y ejecutado por los visigodos. El asedio se detuvo. Los hunos, cuyo motivo para luchar junto a los romanos era simplemente la adquisición de riqueza, eran reacios a participar en un asedio prolongado que podría no ser rentable. Se retiraron y regresaron a casa.

Es probable que Atila y Bleda estuvieran presentes en este enfrentamiento en la Galia. Sus éxitos en las batallas junto a los romanos les habrían proporcionado un profundo conocimiento de las tácticas militares romanas, la maquinaria de asedio y los objetivos romanos en la guerra, que eran claramente diferentes de los suyos. Más allá de exterminar a los borgoñeses y aprender de las tácticas romanas, los hunos tenían poco más que ganar de las batallas. El beneficio que obtuvieron en la incursión en las tierras de los bagaudas, en el norte de la Galia, y al obligar a los visigodos a volver a Toulouse, fue la oportunidad de saquear el campo por el que pasaron. Los romanos hicieron la vista gorda a estas actividades mientras las bandas de jinetes hunos se retiraban regularmente de la fuerza principal en busca de lo que pudiera caer en sus manos. Es probable que los hunos estuvieran acompañados por un tren de vagones en la que cargaron alimentos robados, oro, gemas y monedas romana.

Capítulo 4 – Atila ataca a los bizantinos

En 437, cuando los borgoñeses y los bagaudas fueron pacificados, el emperador romano occidental, Valentiniano III, que había alcanzado la mayoría de edad, viajó a Constantinopla para casarse con Licinia Eudoxia, la hija del emperador bizantino, Teodosio II. Sin duda Atila y Bleda vieron que esta unión podía ser utilizada en su favor, ya que habían ayudado al emperador occidental a eliminar a sus enemigos en la Galia. Atila y Bleda organizaron una conferencia de paz con los emisarios de Teodosio y los dos reyes hunos, que asistieron en persona.

Las negociaciones en el 439 en Margum (a cuarenta millas de la actual Belgrado) no comenzaron bien, ya que los hunos se negaron a desmontar de sus caballos para hablar con la delegación de Teodosio. Esta fue una brillante estratagema para establecer la prioridad de las costumbres de los hunos sobre las romanas. Y sin duda le dio a Atila y Bleda ventaja. Las dos partes acordaron que el emperador bizantino representaría a todos los refugiados de las tierras de los hunos que vivían al sur del Danubio. Estos refugiados debían haber planteado un peligro particular para el liderazgo de Atila y Bleda. Después de que los refugiados fueron entregados a los hunos, hubo una ejecución de dos jóvenes, parientes de sangre de Atila y Bleda. Y esto ayudó a consolidar aún más su gobierno.

Los emisarios de Teodosio acordaron además no aliarse con ningún enemigo de los hunos. El Tratado de Margus, firmado en el 435, regularizó el comercio para que se permitieran los mercados en las ciudades designadas a lo largo del Danubio. Lo más importante es que el emperador del Imperio bizantino acordó pagar un "tributo" anual o "tarifa de servicio" de 700 libras de oro. Esto fue el doble de la cantidad de los pagos previamente negociados durante el reinado de Rua.

Para Teodosio, la ventaja de las negociaciones exitosas con los hunos era el potencial para su pacificación duradera. Con los hunos controlados, el emperador romano oriental podría retirar significativamente las tropas que protegían la frontera a lo largo del Danubio, lo que le permitía enviar tropas al este y al norte de África.

Poco después de que se concluyera esta negociación de paz, los vándalos capturaron Cartago en el norte de África en el 439. Esta pérdida de un puerto importante fue catastrófica para los imperios romanos oriental y occidental. Se creía que los vándalos inevitablemente lanzarían ataques marítimos alrededor del Mediterráneo, por lo que se mejoraron las defensas de los puertos tanto en los imperios oriental como occidental. En Constantinopla, los muros fueron reparados, y se reunió una flota para transportar tropas al norte de África. Tan pronto como se enteraron de que la flota bizantina había abandonado Constantinopla, Atila y Bleda reiniciaron su guerra contra los bastiones bizantinos. A pesar de que el número de guerreros hunos se había reducido desde el fallido asedio de Toulouse, atacaron y capturaron el puerto comercial bizantino de Constantia en la orilla norte del Danubio en el 440.

Un emisario fue enviado desde Constantinopla para discutir los términos con Atila y Bleda. Los reyes afirmaron que el tratado de paz existente con el emperador del Imperio bizantino era nulo. Se quejaron de que el obispo de Margum, la ciudad donde se había acordado el pacto de paz, había dirigido un grupo de asalto al norte del Danubio. Los hunos afirmaron que los seguidores del obispo habían saqueado tumbas de los hunos y los acusaron de perturbar los lugares de entierro de los propios antepasados de Atila y Bleda. Las pruebas de esta acusación probablemente fueron fabricadas por los hunos. Aun así, los reyes exigieron que el emisario imperial bizantino entregara al obispo y a cualquiera de sus cohortes responsables de arrasar los sagrados túmulos funerarios paganos. También exigieron, una vez más, que el emperador entregara a todos los refugiados que habían huido a través del Danubio para escapar del gobierno de los hunos.

Atila y su hermano finalmente cancelaron las negociaciones de paz y pasaron los siguientes dos veranos asaltando ciudades, pueblos y granjas indefensas al sur del Danubio. No hay registro histórico de esta violencia, pero se necesita poca imaginación para hacerse una idea de la devastación. Los campos de exterminio estaban, sin duda, llenos de cuerpos de agricultores inocentes y sus familias. Los esclavos y tesoros fueron cargados en carros y llevados al norte. En el caso de la ciudad de Margum, la población debatió si pedir la paz y simplemente entregar a su obispo a los hunos. Para salvar su vida, el obispo tomó medidas. Huyó hacia el norte, cruzó el Danubio y negoció personalmente con Atila, ofreciéndose a traicionar a la gente de su pueblo. Al regresar a Margum, el obispo convenció a los soldados romanos y a sus conciudadanos para atacar a las tropas de Atila cuando estaban en su estado más vulnerable. Salieron de la ciudad, con la intención de derrotar a los hunos justo cuando desembarcaban de sus barcos cruzando el Danubio. Las tropas de Atila, actuando de acuerdo con las indicaciones del obispo, ya habían desembarcado en la orilla sur del Danubio y estaban escondidas en la maleza. Tendieron una emboscada a los defensores de Margum y acabaron con ellos. Después saquearon la ciudad y recogieron tesoros dondequiera que se presentara la oportunidad.

Muchas de las ciudades bizantinas tenían lo que consideraba defensas adecuadas. Sin embargo, los hunos, a partir de sus observaciones en la Galia como aliados de los romanos, habían adquirido un conocimiento de la tecnología de asedio romano. En lugar de andar por las murallas de la ciudad y disparar flechas a los defensores en las almenas, los hunos construyeron una grúa con ruedas sobre una plataforma. Desde un punto de vista elevado, los arqueros podían derribar a los soldados en las murallas de la ciudad. Después de haber despejado una sección de uno de los muros, los hunos llevaron arietes, según el patrón de los romanos. Los arietes utilizados por los hunos en el asedio de la ciudad de Naisso (actual Niš en el sur de Serbia) se describen en un documento histórico. Consistían en una viga suspendida con una punta de metal afilado; esta viga era tensada por cuerdas cortas y luego liberada para colisionar contra las paredes. Claramente, los hunos no eran reacios a adoptar la tecnología romana cuando se adaptaba a sus necesidades. Cuando Naisso cayó en el 443, fue allanado por los hunos, y los ciudadanos fueron asesinados o capturados. Los capturados eran casi tan valiosos como el tesoro, ya que se convirtieron en un producto comercial que los hunos podían intercambiar por bienes, principalmente alimentos.

Con su ejército estancado en Sicilia a la espera de órdenes para embarcarse hacia el norte de África y atacar a los vándalos, el emperador bizantino Teodosio II luchaba con desventaja por la falta de tropas. Solo cuando se negoció la paz con los vándalos en el 443 pudo ordenar el regreso de su flota. Cuando el ejército bizantino finalmente pudo oponerse a los guerreros de Atila y Bleda, que estaban aterrorizando a los pueblos al sur del Danubio, los astutos corregentes llevaron a sus combatientes de vuelta a las llanuras húngaras.

El botín obtenido por los hunos en sus expediciones de asalto y los pagos de tributo bizantino estaban bajo el control directo de Atila y su hermano mayor Bleda. Como corregentes, distribuyeron el tesoro como lo consideraron conveniente. Así, ambos compraron la lealtad de sus súbditos. Dos años después de regresar a casa de su incursión más rentable en territorio bizantino estalló una violenta disputa fraterna. En 445, Atila ganó ventaja, y Bleda fue asesinado. Sin embargo, no hay registros históricos que describan el asesinato. Mucho después, algunos creyeron que Bleda intentó matar a su hermano, y el enfurecido Atila tomó su espada y se la clavó a Bleda. El final de Bleda no ha servido para mejorar la ya poderosa reputación de Atila como un líder belicoso.

La población del Imperio romano occidental ya estaba bastante familiarizada con el cambio de régimen emprendido por los hunos. Constantino III, que fue un emperador autodeclarado, y su hijo fueron ejecutados por Constantino III en el 411; Joannes, que había usurpado el trono imperial, fue derrotado en batalla y ejecutado por Valentiniano III en el 425; El propio Valentiniano fue asesinado en el 455; y su sucesor, Petronio Maximinio, fue apedreado hasta la muerte por una turba romana en el mismo año. Los siguientes cuatro emperadores del Imperio romano occidental fueron asesinados por rivales.

Hasta la eliminación de Bleda, no es posible atribuir a Atila ninguna victoria o fracaso en la guerra y en la diplomacia. Cualquiera de los hermanos podría haber sido responsable de cualquiera de los acontecimientos y victorias en la historia de los hunos. Con Bleda retirado de la escena, es posible conocer el verdadero carácter del propio Atila.

Capítulo 5 – Atila ataca a los bizantinos de nuevo

Atila, ahora el único gobernante de los hunos, continuó con el provechoso hábito de saquear territorios bizantinos. Comenzó con una renovada demanda para el regreso de los refugiados y el pago anual prometido de oro como tributo. El emperador bizantino no estaba cumpliendo con los términos de la paz acordados con los hunos en el 443. La demanda de Atila fue una medida estratégica porque era consciente de que el ultimátum de los hunos sería rechazado. El emperador Teodosio, confiado por la fuerza de las defensas de su imperio, se negó, tal como Atila esperaba. A principios del 447, Atila y su ejército cruzaron hacia el noroeste de Bulgaria. El primer objetivo de los hunos fue la ciudad de Ratiaria, ya que era el cuartel general de la flota de buques bizantinos utilizados para patrullar el Danubio. Este puerto fluvial fue arrasado y tomaron sus tesoros eclesiásticos como botín.

Atila se encontró con el ejército bizantino, que había llegado desde Tracia. Los hunos se enzarzaron con las tropas imperiales, bien organizadas bajo el mando del general Arnegisclus, en una batalla campal en el río Vid en la ciudad de Utus. Arnegisclus estaba motivado por la venganza; había liderado un contingente de fuerzas cuando los hunos derrotaron a los bizantinos en el 443. Pero ni Arnegisclus ni sus soldados lograron su objetivo de encarar a los hunos. El general fue asesinado. Como de costumbre, existen pocos relatos históricos de la batalla, pero algunos dicen que ambos bandos sufrieron graves pérdidas. Cualquiera que fuera el resultado técnico de la batalla, ya fuera una victoria bizantina o una victoria de los hunos, Atila todavía comandaba suficientes jinetes hunos para avanzar por el Imperio oriental. En el 447 destruyó la ciudad más grande de Tracia, Marcianópolis. Este fue un revés particularmente duro para el emperador bizantino, ya que era un importante centro comercial y de la fe cristiana en la región. Una vez incluso había servido como la capital temporal del Imperio oriental. Su destrucción demostró una vez más al emperador bizantino el poder de los hunos. Teodosio ya estaba convencido del peligro extremo de los ataques de los hunos en los territorios bizantinos de los Balcanes, y la posibilidad de un asedio de Constantinopla le empujó a redistribuir su ejército y mantener su capital a salvo detrás de sus muros.

Un terremoto en el 447 había arruinado parcialmente la integridad de los enormes muros defensivos de Constantinopla. Al principio de su reinado, en el 413, el emperador Teodosio II ordenó la rápida reconstrucción de los muros dañados de Constantinopla. Se dice que el proyecto tomó apenas sesenta días. La construcción rápida de muros puede o no haber sido un factor en la decisión de Atila de retirarse y cruzar el Danubio hacia Hungría con sus combatientes y su importante tesoro saqueado. Esta iba a ser la última incursión de Atila contra los recursos ahora agotados del Imperio romano oriental. Decidió fijar su atención en los territorios del oeste.

Capítulo 6 – Atila arruina una parcela bizantina

En el 449, Atila envió a Edeco, uno de sus guerreros de alto rango, a Constantinopla. Junto con él se encontraba Orestes, un romano que había servido a Atila como secretario de la corte. Fue particularmente útil por su conocimiento del latín. Edeco entró en la sala del trono del palacio imperial sin Orestes, a quien se le ordenó permanecer en una sala de espera. Después de postrarse ante el emperador, Edeco intentó defender el caso de Atila. Primero leyó una carta en latín, probablemente compuesta por Orestes. En ella, Atila, presentándose como un igual al emperador, dijo que, a pesar de haber enviado cuatro embajadas a Constantinopla, todavía estaba esperando el regreso prometido de los refugiados. Además, las fuerzas bizantinas no se habían retirado a la frontera acordada al sur de la zona desmilitarizada que comprendía la tierra entre el Danubio y una línea de cinco días de viaje al sur. Cuando Edeco intentó ampliar las demandas de Atila, el único miembro de la corte imperial versado en la lengua de los hunos, un secretario llamado Vigilas, fue llamado a traducir la respuesta. Edeco declaró que, si las demandas de Atila eran ignoradas, la guerra podría regresar.

Habiendo declarado el caso de Atila, Edeco y Vigilas fueron llevados al apartamento del eunuco Crisafio, un funcionario de alto rango en la burocracia imperial. En este entorno menos formal se llevaron a cabo las negociaciones con detalle. Edeco, a través de Vigilas, felicitó a Crisafio en el estilo diplomático habitual, diciendo que estaba impresionado con la opulencia del palacio imperial. Crisafio respondió que Edeco podría valerse de las riquezas bizantinas si actuaba en nombre del emperador y traicionaba a su amo. Fingiendo amistad, Crisafio preguntó entonces sobre los detalles de la organización la corte de los hunos, cómo Atila seleccionaba a sus asesores más cercanos y otros detalles que podrían ayudar a los bizantinos en sus negociaciones o batallas con Atila. La conversación terminó con Edeco aceptando la propuesta de Crisafio de que regresara a la corte de Atila, matara a su amo y luego regresara a Constantinopla, donde sería bañado de riqueza.

Edeco exigió cincuenta libras de oro que, según él, eran necesarias para sobornar a los guardaespaldas de Atila; sin embargo, era imposible para él llevar este oro con él, ya que inevitablemente sería descubierto por algunos de los hombres de Atila. Se acordó que Vigilas viajaría con Edeco de vuelta a Hungría. Cuando se presentara la oportunidad correcta, Edeco enviaría un mensaje a través de Vigilas de que el oro debía ser enviado.

Para aumentar la credibilidad de la embajada bizantina, eligieron a Maximino, un soldado con una excelente reputación, para ser el embajador de Teodosio. Maximino, sin embargo, no fue informado sobre Crisafio y la trama de Edeco. Como muestra de buena voluntad, Maximino debía traer lo que Teodosio afirmaba que eran los últimos diecisiete refugiados en su poder. También en la embajada había un erudito de la retórica llamado Prisco de Panio, que más tarde escribiría una historia de Bizancio; es uno de los pocos textos históricos que documentan las hazañas de Atila. En el séquito también estaban los traductores Vigilas y Orestes y un comerciante bizantino, Rustico, que conversaba en la lengua de los hunos.

Prisco informó de un acontecimiento desagradable en el viaje de Constantinopla a la corte de Atila. Cuando pararon a cenar fuera de lo que quedaba de la ciudad de Serdica (actual Sofía), recientemente arrasada por los hunos, estalló una discusión entre Edeco y Vigilas. El conflicto habría terminado si Atila podía afirmar que su poder provenía directamente del dios de la guerra, como afirmaba Edeco. Vigilas defendió su creencia de que el emperador bizantino tenía un mayor derecho al poder, ya que su autoridad le había sido dada por Cristo. La disputa fue probablemente una artimaña para dirigir la atención lejos de la trama en la que Vigilas y Edeco eran actores clave.

Después de cruzar el Danubio, el primer error en el protocolo ocurrió cuando los embajadores bizantinos colocaron sus tiendas de campaña en una colina con vistas al campamento de Atila. Según los hunos, ningún extranjero podía establecerse por encima de la posición de su líder; Edeco probablemente informó de esta costumbre, ya que su objetivo era fomentar la confusión en las negociaciones. Después de que el campamento bizantino fue reubicado, Edeco y Orestes se apresuraron a mantener una reunión con Atila. Fue en esta reunión cuando Edeco reveló lo que había sucedido en Constantinopla, incluyendo los detalles de la trama de Crisafio. También reveló el contenido de la carta de Teodosio a Atila que Maximino tenía la orden de entregar.

Aunque Maximino no conocía la trama, no se llevaba bien con los hunos al principio. Scottas, uno de los asesores más cercanos de Atila, llegó al campamento bizantino y exigió saber lo que Maximino tenía que ofrecer. Maximino se puso de pie siguiendo el protocolo de la diplomacia bizantina, y afirmó que no divulgaría el contenido de su mensaje de Teodosio a un tercero. Scottas partió, pero pronto regresó y recitó todo el contenido de la carta de Teodosio, diciendo que Atila ya sabía que todo el embajador bizantino tenía que ofrecer y que debían retirarse inmediatamente.

Sin embargo, Maximino se negó rotundamente a abandonar su misión, y Prisco convenció a Scottas para que intercediera con Atila a través de halagos. Se invitó a los emisarios bizantinos a reunirse con Atila. Prisco probablemente esperaba conocer a un bárbaro extremadamente feo. Describió a Atila como bajo y de pecho ancho con una cabeza grande, ojos pequeños, nariz plana, piel oscura y una barba parcialmente gris. Durante la audiencia, Atila arremetió contra Vigilas cuando dijo que no había más refugiados en el Imperio oriental. Enfurecido, Atila dijo que, si no fuera por las reglas de la diplomacia, empalaría a ese hombre descarado y dejaría su cuerpo para que fuera consumido por los pájaros. Atila ordenó a Vigilas que regresara a Constantinopla en compañía de un embajador de los hunos y regresara con todos los refugiados que estaban en manos de Teodosio. Mientras estaba fuera, a Maximino se le ordenó que se quedara donde estaba y no usara el oro para ningún otro propósito que no fuera comprar comida. Edeco habló con él y le dijo que su estrategia estaba en marcha y que Vigilas debía traer el oro necesario para sobornar al guardaespaldas de Atila.

Tras las negociaciones inconclusas en el campamento de Atila, Prisco y Maximino fueron llevados a la residencia principal de Atila, en el noroeste de Hungría. La casa permanente de Atila impresionó a Prisco, quien admiró el gran complejo de palacios de madera que estaba situado dentro de un muro equipado con torres. A los emisarios bizantinos también se les mostró un palacio más pequeño, el hogar de Onegesio, el principal asesor de Atila y hermano de Scottas. Atila llegó a la ciudad, y una multitud de mujeres fueron a esperarle a la entrada del camino. La procesión terminó con las mujeres cantando canciones alegres y la esposa de Onegesio dando la bienvenida a Atila con un plato ritual de comida que simbolizaba la lealtad y la sumisión de la familia a su rey.

Una vez más, Prisco habló con de varios hunos influyentes e incluso hizo una invitación a la casa de Erecan, una de las esposas favoritas de Atila. Cuando la conoció, estaba reclinada en un sofá ricamente tapizado, supervisando a varias mujeres mientras bordaban trozos de lino con cuentas de colores (los arqueólogos han desenterrado grandes cantidades de cuentas de vidrio, ámbar y coral en regiones que alguna vez fueron ocupadas por los hunos). Prisco e Erecan intercambiaron regalos, y entre las ofrendas de Prisco pudo haber joyas de oro bizantinas elaboradamente decoradas.

Maximino finalmente consiguió una audiencia con Atila. Prisco informó que el enviado bizantino fue sometido a un ultimátum. Al igual que a Maximino se le dijo que el emperador bizantino debía adherirse a las estipulaciones de Atila para garantizar la paz o habría guerra. A pesar de que las negociaciones terminaron con una nota amarga, Atila invitó a Maximinio a una cena. Al entrar en el palacio de Atila, Prisco y Maximinio vieron a Atila sentado en el centro de la sala. Sus asesores y sus hijos se sentaron en un lado y los hunos de alto rango en el otro. Después de los brindis, se colocaron las mesas con bandejas de plata y copas de oro. Cuando cayó la noche y las velas se encendieron, las joyas de los invitados brillaban con la luz parpadeante. Después de la cena llegó el momento del entretenimiento. Los bardos cantaron canciones sobre victorias de los hunos en la guerra, y después vino un loco para hacerles reír con sus desvaríos. A los hunos aparentemente les pareció muy divertido. Lo que Prisco destacó del banquete fue el comportamiento de Atila. Estaba vestido con ropa sencilla, bebía de una taza de madera, y comía con moderación. La única vez que Atila exhibió alguna emoción fue cuando abrazó calurosamente a su hijo menor, Ernak.

Maximinio, molesto por estar sentado lejos de Atila y Onegesio, no pudo intercambiar palabras con la gente con la que había venido a hablar. Él, como enviado bizantino, no estaba preparado para ser tratado de esa manera, y se fue antes de que concluyera la fiesta.

En un segundo banquete, Maximino se sentó más cerca de Atila y junto a uno de sus secretarios, un hombre llamado Constantino. Este hombre había sido enviado por el comandante romano occidental Aecio, había vivido con los hunos y había servido a Atila lealmente.

Maximino y Prisco dejaron el campamento y partieron hacia Constantinopla. En el camino se encontraron con Vigilas y su hijo, que se dirigían hacia el norte con el oro prometido por Crisafio para financiar el complot de Edeco para asesinar a Atila. Cuando Vigilas llegó a la ciudad donde Atila tenía su palacio, fue arrestado y las cincuenta libras de oro fueron confiscadas. Vigilas fue interrogado por el propio Atila, que exigió la verdad o de lo contrario mataría al hijo de Vigilas. Después de revelar la trama con la que Atila ya estaba familiarizado, fue encarcelado. Atila entonces envió al hijo de Vigilas a Constantinopla, donde iba a exigir otras cincuenta libras de oro a Crisafio como rescate por su padre.

Atila también envió a Orestes, que hablaba latín, para enfrentarse al emperador Teodosio II por la traición de Crisafio. Ordenó que su emisario llevara una de las bolsas utilizadas para guardar el oro confiscado a Vigilas para que Teodosio entendiera inmediatamente el fracaso de la trama. El enfrentamiento entre Orestes y Teodosio no consiguió que nadie en la corte bizantina admitiera su culpabilidad. Crisafio negó rotundamente que hubiera algún complot de asesinato. Teodosio resolvió el problema enviando una delegación a Atila con regalos para comprar al rey agraviado y se ofreció suficiente oro para que Vigilas fuera liberado. Atila, después de exigir que los pagos del tributo continuaran, acordó liberar a los cautivos bizantinos, abandonó su demanda de retorno de refugiados y zanjó la demanda sobre sus derechos sobre territorios al sur del Danubio. La trama de Crisafio nunca fue mencionada de nuevo, y Vigilas, como conspirador fallido, se mantuvo alejado de Constantinopla hasta que Teodosio murió de las heridas sufridas en un accidente de caza en julio del 450.

El sucesor de Teodosio, Marciano, purgó rápidamente la burocracia bizantina, matando a los poderosos eunucos del palacio, entre los que se encontraba Crisafio. Entonces Vigilas regresó a Constantinopla de su exilio autoimpuesto. Se hizo evidente que Atila había sabido de la traición de los bizantinos en su encuentro con Edeco y había apartado inteligentemente a los conspiradores para obtener ventaja en el desarrollo de su plan.

Capítulo 7 – La estrategia diplomática de Atila evoluciona en Occidente

En la primavera del 450, el eunuco Jacinto apareció en la corte de Atila. Jacinto, que había viajado desde la capital romana occidental de Rávena, anunció que era enviado no del emperador Valentiniano III, sino de su hermana, Justa Grata Honoria.

Honoria había estado virtualmente encarcelada en Rávena desde los doce años, momento en el que estaba disponible para el matrimonio. Tras haber heredado la mentalidad independiente de su madre, Gala Placidia, ella se negó a ser utilizada como un peón de matrimonio por Valentiniano. Se dice que infiltró amantes en su apartamento y se quedó embarazada por uno de ellos. Su madre y Valentiniano la enviaron a Constantinopla, donde se pretendía que sus parientes austeros, imbuidos del Espíritu Santo, la reencauzaran. Pero parece que la instrucción en buen comportamiento cristiano, que incluía la sumisión a figuras de autoridad masculinas, no sirvió de mucho. Al regresar a Rávena, Honoria rápidamente cayó en desgracia con su madre, que se había convertido en una ascética cristiana, alguien que renuncia a las posesiones materiales y placeres físicos con el fin de reflexionar sobre asuntos espirituales. Honoria también continuó su hábito de actuar de forma independiente.

Valentiniano cerró un compromiso de matrimonio entre Honoria y un aristócrata italiano en un descarado intento de consolidar su propio poder como emperador. En la mente de Valentiniano, era un peligro tener una hermana ambiciosa como Honoria disponible para una unión con alguien que también fuera ambicioso y con linaje imperial.

Honoria, que ya había cumplido treinta años se negó a cooperar con los planes de su hermano. Envió en secreto a su emisario, Jacinto, para pedir la ayuda de Atila para tratar con su hermano. El emisario ofreció un pago en oro y prometió a Atila que, si Honoria conseguía su objetivo de obtener un cónyuge imperial, habría más oro. Con el fin de probar la validez de la oferta de Jacinto, presentó el anillo de Honoria a Atila.

Atila estaba al corriente de la situación de Honoria. Todas sus negociaciones con los poderes superiores en los imperios oriental y occidental estaban basadas en un flujo constante de información. Su ingeniosa manipulación de los oponentes en los consejos de paz y sus brillantes decisiones sobre cuándo y dónde guiar a sus guerreros en expediciones de saqueo sugieren que era hábil para identificar rumores poco confiables. Así, Atila entendió que solo podía obtener ventaja usando a todos y cada uno de los involucrados en la oposición a Valentiniano. Aceptó la oferta de Honoria y envió a Jacinto de vuelta a Rávena con el mensaje de que ayudaría a la hermana del emperador a salir de su situación matrimonial casándose con ella él mismo.

Cuando Valentiniano se enteró de la estrategia de Honoria hizo torturar a Jacinto. El desafortunado eunuco reveló todo sobre sus discusiones con Atila. Furioso, Valentiniano intentó enviar a Honoria al lado marido elegido para ella, pero ella se negó firmemente a abandonar de Rávena. Gala Placidia intervino en el conflicto entre sus dos hijos, y a Honoria se le permitió permanecer en Rávena.

Atila fue informado de la intervención de Gala Placidia en la disputa doméstica en Rávena. Sin duda despreciaba los planes de Valentiniano para Honoria, y pensaba que la intromisión de Gala Placidia en los asuntos de su hija era injustificada. Honoria iba a ser su esposa como ella había indicado dándole su anillo. En el otoño del 450, envió una delegación a Rávena para anunciar su compromiso con Honoria. Los emisarios de Atila también exigieron que a Honoria se le concediera el título de gobernante conjunto del Imperio romano occidental. Este intento de Atila de promoverse mediante el matrimonio fue un movimiento audaz y garantizaba que despertaría la ira en la corte de Rávena.

No cabe duda de que Atila sabía que sus demandas no serían satisfechas por Valentiniano. El emperador simplemente respondió afirmando que Honoria ya estaba prometida a otro hombre y que una mujer no podía gobernar el Imperio romano, así que incluso si Atila lograba tomarla como esposa, él no sería emperador.

Casi al mismo tiempo que los emisarios de Atila pedían la mano de Honoria en Rávena, envió una delegación a Constantinopla para negociar con el nuevo emperador, Marciano. Exigieron los atrasos del tributo que los hunos habían negociado con Teodosio. Los funcionarios romanos dijeron que no lo pagarían, pero que, si Atila mantenía la paz, darían a los hunos "regalos". La importancia de esta distinción semántica fue plenamente entendida por Atila. Sabía perfectamente de antemano que su insistencia en el "tributo" sería rechazada al igual que su propuesta a Honoria en la corte occidental. Su envío de embajadores a los emperadores occidentales y orientales tenía la intención de crear un pretexto para librar la guerra a ambos.

Atila, que por naturaleza era un talentoso estratega, nunca consideraría abrir simultáneamente dos frentes de batalla. Sin embargo, hizo pensar a ambos emperadores que podría. En palabras de Jordán, un gran historiador bizantino del siglo VI, "Bajo su gran salvajismo, Atila era un hombre sutil y luchó con la diplomacia antes de ir a la guerra".

Capítulo 8 – Atila asalta la Galia

Aecio, el comandante del ejército del Imperio occidental, intentó convencer a Valentiniano de que la mejor manera de hacer frente a un posible ataque de los hunos era mantener una fuerte presencia militar romana en la Galia. Creía que, si los hunos cruzaban el Rin, asolarían gran parte de la provincia de la Galia. Y si Atila atacara a los visigodos en Toulouse, los resultados también podrían ser devastadores para los intereses romanos. Si los visigodos derrotaran a los hunos o viceversa, se envalentonarían por su victoria y ampliarían sus ambiciones de conquista, lo que requeriría un mayor esfuerzo de los romanos para contenerlos.

Al enterarse de la noticia de que los hunos ya se estaban moviendo más allá del Rin, Valentiniano pensó, como Aecio, que los romanos deberían pedir la ayuda de los visigodos en la lucha contra los hunos. Esto representó un cambio importante en los tratos de los romanos con el reino visigodo. El acuerdo para convertirse en aliados implicaba que Valentiniano reconociera al rey visigodo, Teodoro, como autoridad legal sobre una parte significativa de la Galia romana, pero era una solución pragmática al problema de los hunos. Además, Valentiniano sabía que Aecio era un estafador que intentaba derrocarlo.

Atila era muy consciente de las dificultades a las que se enfrentaba Valentiniano, por lo que llevó a sus asaltantes al norte, donde demolieron Metz, a unos 150 kilómetros de la frontera del Rin. A partir de ahí, se ha dicho que los hunos se dirigieron a Reims. Según una leyenda medieval, cuando los jinetes hunos llegaron a la catedral de Reims, fueron recibidos por el obispo Nicasio. Lo decapitaron mientras recitaba un salmo buscando la liberación del flagelo de los hunos. Las últimas palabras del salmo fueron aparentemente emitidas desde su cabeza cortada mientras yacía a los pies de los caballos de los hunos. Esto aterró tanto a los hunos, dijeron los biógrafos posteriores de San Nicasio, que huyeron galopando de la ciudad dejándola intacta. Algo similar puede haber ocurrido en la ciudad de Troyes, al sur de Reims. Allí, el obispo Lupo, según leyendas posteriores del santo, marchó para enfrentarse a Atila. Le preguntó al líder de los hunos quién era, y se dice que Atila respondió: "Yo soy Atila, el látigo de Dios". Que esto haya sucedido es poco probable, si no imposible, porque Atila nunca se convirtió al cristianismo. En la biografía de San Lupo, el salvador de Troyes, se le atribuye un milagro. Se cuenta que cuando las puertas de la ciudad se abrieron a los hunos, fueron golpeados por una luz cegadora del cielo y pasaron sin dañar a ninguno de los residentes. En la Edad Media y el Renacimiento, la leyenda de Atila actuando como el "látigo de Dios" para castigar a los habitantes pecadores de las ciudades cristianas proliferó en la literatura eclesiástica.

La verdad de lo que sucedió durante los primeros días de la incursión de Atila en el norte de la Galia es probablemente más prosaica. Atila financió sus fuerzas expedicionarias a través de la distribución del botín. A diferencia de los soldados romanos a los que se les pagaba una cantidad fija de dinero en efectivo por sus servicios, los ingresos de los guerreros hunos dependían enteramente de lo que pudieran robar y sacar. El éxito en el robo dependía de la eficiencia y el número de vagones para transportar el botín. Si la expedición era exitosa, el peso del botín hacía difícil su transporte de botín. Es probable que esto fue lo que sucedió durante los primeros días de

Atila atravesando el Rin. Lo que también hay que recordar es que la guerra de Atila tenía otro objetivo: lograr que Honoria fuera su esposa. Sin embargo, Rávena estaba muy lejos del norte de Francia, y esto explica por qué los hunos no se molestaron en atacar ciudades bien defendidas como Reims y Troyes. Fue un simple cálculo de riesgos que podrían retrasar el viaje.

Se desconoce si Atila asedió la ciudad de Orleans mientras se trasladaba al sur. Lo más probable es que no lo hiciera. Cuenta la leyenda que el propio obispo de Orleans fue a buscar la ayuda de Aecio y los visigodos en la ciudad de Arlés a más de 480 kilómetros al sur. La historia dice que convenció a los romanos y a los godos para que fueran al rescate de su ciudad natal. Al regresar a casa, convenció a los fieles para orar a Dios por la liberación. La invocación de lo divino funcionó. Justo cuando los hunos habían comenzado a usar su ariete contra las murallas de la ciudad, la liberación llegó en forma del ejército romano y combatientes visigodos aliados.

Sin embargo, un historiador bizantino llamado Jordanes que escribió los sucesos alrededor del 551, describió el acontecimiento de manera diferente. Él indicó que antes de la aparición de Atila en Orleans, los romanos y visigodos habían construido un sistema de zanjas y montículos de tierra a lo largo de la ruta que conduce a la ciudad. Atila, escribió el historiador, se desanimó por este impedimento y también se sintió preocupado por si sus combatientes soportarían una batalla prolongada. Los hunos invasores giraron hacia el este con los romanos y visigodos pisándoles los talones.

A finales de junio del 451, los dos bandos se enfrentaron. Los ejércitos romano y visigodo fueron reforzados por combatientes de Borgoña, que superaron su aversión a Aecio tras haber permitido a los hunos devastar sus pueblos y campos en el 437. Estaban motivados por un odio más fuerte hacia los propios hunos que habían sido despiadados en su matanza.

Sin embargo, los hunos también tenían aliados. Se les unieron guerreros ostrogodos, miembros de la rama oriental de los godos, procedentes de clanes al norte y al sur del Danubio. Algunos de sus líderes disfrutaban de relaciones particularmente cordiales con Atila, que sin duda les había dado generosos regalos como recompensa por unirse a los hunos en expediciones de saqueo.

Los dos ejércitos se reunieron en los Campos Cataláunicos, ubicados en algún lugar de la moderna Champagne, en junio del 451. Jordanes escribió una descripción de la batalla fue registrada. Al principio, los romanos se instalaron en una colina donde podían disparar sus flechas e impulsar lanzas hacia abajo sobre los hunos y sus aliados. El ataque cuesta arriba de los hunos fue repelido, y el ejército romano y visigodo los expulsaron de la ladera. Jordanes indica que entonces Atila dio un largo discurso para inspirar a sus combatientes. Pero lo cierto es que poco probable que Atila se tomara tiempo para dirigir una larga arenga en medio de la batalla.

En cualquier caso, esta sangrienta batalla quedó inconclusa. Teodoro, rey de los visigodos, cayó en el campo de batalla junto con innumerables guerreros en ambos lados. Al amanecer del día siguiente, los hunos habían rodeado sus carromatos y estaban parapetados detrás de esta barricada protectora. Jordanes escribió que Atila, en medio de sus soldados, juró luchar hasta la muerte. Al día siguiente, Atila se enteró de que los aliados visigodos de los romanos se dirigían al sur. Sabía que esto bien podría ser una estratagema para sacar a los hunos a campo abierto, así que ordenó a sus guerreros que se quedaran escondidos detrás de los vagones. Solo cuando supo que los soldados romanos también estaban abandonando el campo de batalla ordenó que los caballos fueran enganchados a los vagones y se fueran al Rin, y sus aliados ostrogodos se fueron con su botín.

No hay consenso entre los historiadores modernos sobre por qué los romanos y visigodos se marcharon lejos de los Campos Cataláunicos. El rey Teodoro fue acompañado en la campaña por su hijo Thorismundo, quien parece haber exhibido una considerable habilidad estratégica en la batalla real. Se dice que Aecio convenció al hijo para regresar a Toulouse inmediatamente y reclamar el trono de su difunto padre. Al día siguiente de la batalla, cuando los hunos podrían haber sido fácilmente rodeados y derrotados, se cree que Aecio visitó secretamente a Atila y le dijo que los refuerzos visigodos estaban a punto de llegar, y que convencería a Thorismundo para irse a casa. Según esta versión, contada por Fredegar, un cronista de Borgoña del siglo VII, Aecio fue al campamento de los visigodos y convenció a Thorismundo de que venían refuerzos de los hunos. Le dijo que, si llegaba a un acuerdo generoso, convencería a Atila de retirarse a través del Rin. Esta historia suena bastante improbable, pero con el declive de los imperios romanos oriental y occidental, podría ser verdadera. Es cierto que Thorismundo estaba preocupado por su sucesión al trono de su padre. Sin embargo, dos años después de la batalla de los Campos Cataláunicos, fue asesinado en Toulouse por dos de sus hermanos, uno de los cuales se convertiría en su sucesor, Teodoro II.

Debido a que las descripciones de los acontecimientos en los Campos Cataláunicos son de una fecha posterior y por lo tanto están desvirtuadas por mitos y leyendas, no se puede confiar en su precisión. Esto ha llevado a los historiadores a participar en conjeturas. Una hipótesis es que Aecio quería que los visigodos abandonaran la zona y se abstuvieran de diezmar a los hunos. Se supone que, al diseñar un enfrentamiento en los Campos Cataláunicos, Aecio podría haber tenido un plan a largo plazo. A menudo, la aniquilación total del ejército de un adversario no es el movimiento más sabio. La eliminación completa de los hunos sin duda significaría que los visigodos ampliarían su control sobre la Galia romana. Sin la continua amenaza de las incursiones de los hunos, sin Atila siempre en el horizonte, los visigodos podrían concentrarse en luchar contra los romanos y casi con toda seguridad solicitar la ayuda de los borgoñeses y los bagaudas. Del mismo modo, Aecio mantenía el poder al tener una máquina de combate bien engrasada disponible para luchar con los hunos según las circunstancias lo exigían.

Así como los historiadores modernos plantean hipótesis sobre las diversas estrategias de los romanos, visigodos y varios otros grupos étnicos dentro de la órbita del Imperio romano occidental, Atila también lo hacía. Hay pruebas más que suficientes que sugieren que no era un bárbaro insensato. Era un líder astuto con un profundo entendimiento de las motivaciones de sus aliados y adversarios. Los derrotó en varias ocasiones, combinando fuerza y diplomacia. Las extrañas circunstancias que rodean la batalla de los Campos Cataláunicos son comprensibles si se atribuyen al propio Atila. Puede haber pensado que al voltear sus carromatos y aguantar, le daría a la frágil coalición romana tiempo para desintegrarse. También probablemente imaginó que la muerte del rey Teodoro crearía confusión entre los visigodos. Sin su líder, podrían esperar que su tenue alianza con sus enemigos romanos tradicionales se rompería. Y, de hecho, así ocurrió. Aecio, con la ausencia de los visigodos, no pudo rodear con éxito a los hunos con sus tropas. La ventaja de Atila era que sus carromatos no solo tenían tesoros, sino también alimentos saqueados de las granjas. Él, sus hombres, y sus caballos resistentes podrían haber soportado un asedio largo.

Con la partida de los visigodos y luego de los romanos, los hunos escaparon de la destrucción completa. Atila y sus hombres no tuvieron que luchar hasta la muerte. Si la historia de la compleja estrategia de Aecio después de la batalla de los Campos Cataláunicos es cierto, cometió un error estratégico al dejar escapar a los hunos. Atila, que nunca cesó en su búsqueda de nuevas fuentes de saqueo, estaba a punto de participar en otra incursión violenta en el Imperio romano occidental.

Capítulo 9 – Atila ataca Italia

El emperador del Imperio bizantino, Marciano, aprovechó la expedición de Atila a la Galia para tomar ventaja. Mientras Atila estaba ocupado, Marciano canceló todos los pagos de oro a los hunos. Poco después de que el líder de los hunos regresara a casa con sus tropas, Marciano envió un representante a Atila, y las conversaciones no fueron bien. La primera demanda de Atila fue que se restableciera el pago de los tributos. Como demostración de su poder, Atila humilló al embajador de Marciano despojándolo de todos los regalos que traía y luego amenazó con matarlo si no presentaba el oro de los tributos. El emisario se fue de nuevo a Constantinopla, dejando la cuestión del oro sin resolver.

Tanto los emperadores romanos orientales como los romanos occidentales creían que Atila, tras su derrota en los Campos Cataláunicos, no presentaba ninguna amenaza. En cambio, deberían haber cuestionado las tácticas de Atila, que según Jordanes eran astutas: "Amenazaba en ir hacia una dirección y luego movía sus tropas hacia otra".

En el verano del 452, en lugar de cruzar el Rin en la Galia o dirigirse hacia el sur a través del Danubio en territorio bizantino, Atila lanzó un ataque relámpago hacia el suroeste a través de Eslovenia y en Italia.

El movimiento audaz se basó en la comprensión profunda de Atila del dilema militar del emperador Valentiniano. Valentiano ciertamente no quería pedir ayuda a los visigodos, ya que invitarlos a Italia a luchar contra los hunos era extremadamente peligroso. Si los hunos fueran expulsados por el nuevo rey de los godos, Thorismundo, es probable que causara una revuelta en la corte imperial en Rávena. Además, Thorismundo tenía hermanos problemáticos y ambiciosos en Toulouse a los que no podía dejar solos, ya que planeaban derrocarle. Valentiniano también tenía la opción de llamar a Aecio para defender Italia. Era cuestionable si el general cumpliría con una orden imperial. Y si abandonaba la Galia, los visigodos no tendrían control sobre sus ambiciones territoriales. Al final, Aecio proporcionó un número limitado de tropas para la defensa de Italia.

Atila sopesó los riesgos de su incursión en Italia y llegó a la conclusión de que los ataques rápidos a lo largo del mar Adriático abrirían el camino para su acercamiento a Rávena y su objetivo final, capturar a Honoria, su esposa legítima. El plan se interrumpió cuando Atila decidió asediar el rico puerto comercial de Aquileia. Después de romper los muros, los hunos quemaron la ciudad y masacraron a sus habitantes, haciendo imposible que la oposición se reagrupara y se levantara contra ellos. Según la leyenda, los pocos aquileos que escaparon con vida emigraron a lo largo de la costa y fundaron lo que se convertiría en la ciudad de Venecia.

Atila y sus jinetes continuaron su camino y devastaron la ciudad de Pavía y luego Milán, donde el Imperio romano occidental había tenido su sede una vez. La antigua capital era rica en tesoros, y los hunos, como era su costumbre, se los llevaron. El emperador Valentiniano dejó Rávena y se estableció en Roma. Con las cosechas quemadas a su paso, esperaba disuadir a Atila de seguirlo hacia el sur. A finales del verano del 452, Atila había establecido un campamento en Mantua, a 470 kilómetros al norte de Roma. Fue allí donde recibió una embajada enviada por Valentiniano, que fue dirigida por el papa

León I. Aunque no hay un registro histórico contemporáneo del encuentro entre el papa León I y Atila, el evento se convirtió en una leyenda de Italia (el evento fue incluso objeto de una pintura de Rafael completada en 1514 y que forma parte de uno de sus frescos en el Palacio Apostólico del Vaticano). La leyenda dice que, con la ayuda de Dios y el espíritu de San Pedro, León I convenció a Atila para que se retirara de Italia.

No está claro por qué Atila se retiró sin su prometida esposa. Puede haber sido porque el suministro de comida para sus hombres y caballos se estuviera acabando. En ese momento, el norte de Italia sufría una sequía y el rendimiento de los cultivos eran bajos. Además, es posible que un brote de paludismo en la región redujera la eficiencia de su ejército. Lo más probable es que optara por retirarse porque sus carros estaban repletos de los tesoros que habían tomado en las ciudades ricas del norte de Italia.

Capítulo 10 – La desintegración del reino de Atila

Mientras Atila estaba fuera saqueando el norte de Italia, el emperador bizantino lanzó una serie de ataques contra los hunos en sus tierras al norte del Danubio. Puede ser al enterarse del movimiento agresivo de Marciano, Atila decidiera que lo prudente fuera regresar a la Gran Llanura Húngara y entrar en guerra una vez más con el molesto emperador bizantino.

Al llegar a casa, una de las primeras cosas que hizo Atila fue enviar una misión a Constantinopla. Amenazó con causar estragos en las provincias bizantinas porque el tributo que se le debía seguía sin pagarse y prometió que sería más cruel que nunca con sus enemigos. En su mente, no era una simple amenaza, ya que había cumplido todos sus ultimátums anteriores a los bizantinos.

A principios del 453, Atila se casó con Ildico, quien se decía que era una belleza rara entre los hunos. Atila celebró sus nupcias hasta bien entrada la noche, bebiendo y comiendo con sus asesores y amigos más cercanos. A la mañana siguiente, encontraron la puerta de la cámara nupcial golpeada y Atila muerto en la cama con Ildico llorando sobre su cuerpo. Parece que sufrió un aneurisma en la nariz y murió ahogado por la sangre. Por supuesto, existen rumores de que Ildico lo había matado.

Cuando los funcionarios informaron a Marciano de la muerte de Atila, dijo que ya sabía de la muerte del rey, alegando que un ángel se le había aparecido mientras dormía. El ángel le mostró un arco roto, que Marciano reconoció como símbolo de que su archienemigo había fallecido. Para el emperador bizantino y para el emperador Valentino en Rávena, el fin de Atila confirmó que Dios había oído sus oraciones para deshacerse de esta espina en su costado por fin.

El imperio de Atila se mantuvo unido por la fuerza de su personalidad. Se ganaron el respeto y la obediencia de sus súbditos, tanto hunos como no hunos, por el éxito de sus incursiones en tierras ricas en tesoros, y su manipulación de adversarios a través de maniobras diplomáticas. Desafortunadamente, como era común con otros regímenes bárbaros, sus sucesores, carentes de sus habilidades de liderazgo, se peleaban y luchaban, y al hacerlo, destruyeron la otrora poderosa autoridad central del pueblo de los hunos.

Tres de los hijos de Atila, Ellac, Dengizich y Ernak, lograron dividir rápidamente a los guerreros en tres facciones. El caos que esto produjo fue aprovechado por pueblos que antes eran leales a Atila. En Eslovenia, una coalición de clanes se rebeló, y lo que quedaba del ejército de los hunos fue derrotado por estos insurgentes en la batalla de Nedao en el 454. Ellac fue asesinado, y sus guerreros fueron diezmados. Los dos hijos supervivientes de Atila cabalgaron a la cabeza de un contingente de jinetes y atacaron a los ostrogodos a lo largo del Danubio, pero los hunos fueron derrotados de nuevo en la batalla de Bassianae.

El colapso del poder central en las llanuras húngaras precipitó la migración de los pueblos que durante un tiempo se habían contentado con someterse al liderazgo de Atila. Con la pérdida de ingresos regulares proporcionada por las expediciones de saqueo, buscaron otros medios para ganarse la vida. Se trasladaron al sur de Bulgaria, se sometieron formalmente a la autoridad del emperador bizantino, y se establecieron en tierras de cultivo productivas. Más tarde, se les unió un gran número de ostrogodos que se mudaron desde el norte y el oeste. Hasta 50.000 migrantes se establecieron en Tracia, muchos de los cuales servirían en el ejército bizantino.

Los hijos supervivientes de Atila, Dengizich y Ernak, trataron de imitar la diplomacia estratégica de su padre, pero fracasaron miserablemente. Sus amenazantes demandas de tributo fueron desestimadas. Dengizich, haciendo lo que su padre siempre había hecho cuando se opuso a un emperador, cruzó el Danubio con la intención de adquirir riqueza y dar una lección a los bizantinos. Sin embargo, en el 469, el ejército bizantino derrotó fácilmente a sus guerreros y lo mató.

En el Imperio romano occidental, las cosas se deterioraron rápidamente después de la muerte de Atila. El comandante militar supremo Aecio, que había igualado a Atila en habilidades políticas, diplomáticas y militares, fue asesinado en el 454 por un enfurecido Valentiniano III. Al eliminar su principal medio de ejecución del poder, Valentiniano puso en marcha la cuenta atrás para la muerte del Imperio romano occidental. En el 455, el propio Valentiniano fue asesinado por los leales a Aecio. Más tarde en el mismo año, los vándalos del norte de África saquearon Roma y capturaron a la viuda de Valentiniano, la emperatriz Licinia Eudoxia, y a sus hijas. Los vándalos se marcharon con una gran cantidad de tesoros de Roma, muchos esclavos y los últimos miembros de la familia imperial romana.

Las consecuencias de la muerte de Atila habían sido predichas por su aliado y adversario, Aecio, quien creía que, sin Atila, el Imperio romano occidental se desintegraría en el caos.

Conclusión

Lo que Aecio nunca podría haber predicho fue la increíble repercusión de la vida de Atila después de la muerte. Se convirtió en objeto de mitos y leyendas que siguen enriqueciendo nuestra visión de Atila hasta nuestros días.

Se dice que Atila se refirió a sí mismo como el "descendiente del Gran Nimrod, rey de los hunos, los godos, los daneses y los medos" (esto es, por supuesto, material de leyenda. Que Atila fuera capaz de rastrear su ascendencia hasta el rey bíblico que construyó la Torre de Babel desafía la razón). Su poder fue reconocido por el historiador bizantino del siglo VI Jordanes, quien escribió que Atila empuñaba la "espada de guerra santa de los escitas" que le había dado Marte y que, por lo tanto, era "príncipe del mundo entero". Lo que se creía que era esta espada fue conservado en la corte real de Hungría en el siglo XII como símbolo de un linaje real que conduce de vuelta a Atila. El apellido de Atila también fue popular en Hungría, pero su uso ha disminuido en los últimos años.

Los cuentos de Atli (el nombre nórdico antiguo para Atila) se integraron en sagas transmitidas oralmente grabadas en textos que datan del siglo III. En la saga *Atlakviá,* Gunnar, rey de los borgoñones, y su hermano Hogni son atraídos a la corte de Atila por la oferta de valiosos regalos. Los hermanos ya tienen grandes riquezas, pero son tentados por la oferta de Atila. Los hunos tratan de averiguar dónde han enterrado los borgoñeses su oro. Sin embargo, no lo revelan, y tanto Gunnar como Hogni son asesinados por los hombres de Atila. Gudrun, su hermana y la esposa de Atila, prepara un banquete para Atila, y cuando él está bien metido en la comida, ella anuncia que están comiendo la carne de sus dos hijos. Más tarde, Gudrun mata a Atila en su cama y quema el palacio de Atila y todos los edificios de su complejo. *La Atlakviá* como forma escrita data del 1270, pero como historia transmitida por vía oral, puede datar de tres siglos antes. La historia es buena, y como la mayoría de las leyendas sobre Atila, contiene el drama necesario de asesinato y canibalismo.

Una historia similar se cuenta en la *Saga de los volsungos*. En esta historia épica, Gudrun tiene un sueño interpretado por Brynhild, en el que se predice que va a casarse con Atila, que sus hermanos serán asesinados, y que ella matará a Atila. Las historias de esta saga fueron adaptadas por Richard Wagner para su ópera *El anillo del nibelungo* (interpretada por primera vez en 1876) y utilizada por J.R.R. Tolkien en su historia *La leyenda de Sigurd y Gudrun* (que data de la década de 1930). En la novela de Tolkien, Atli (Atila) se casa con Gudrun, y Atli en su deseo de oro mata a los hermanos de Gudrun. En represalia, mata a sus dos hijos y hace copas con sus cráneos. Después de beber veneno de una de las copas, Atli se derrumba en su cama. Gudrun entra, lo apuñala y quema el palacio y la ciudad circundante.

En 1812, Ludwig van Beethoven concibió la idea de escribir una ópera sobre Atila, pero nunca la completó. Sin embargo, Giuseppe Verdi sí producía una ópera, *Atila,* en 1846. El libreto se basó en la obra *Atila, rey de los hunos* del escritor alemán Zacharias Werner (1768-1823). La historia es una novela que tratar de recrear la expedición de Atila para arrasar Italia.

En los albores del siglo XX, Atila y sus guerreros no gozaron de buena popularidad debido a las exageraciones que se hicieron de la realidad histórica. En 1900, el emperador alemán Guillermo II, dio un discurso en el que elogió las habilidades militares de Atila y los hunos. Luego instó a sus combatientes alemanes a emular a Atila y a los hunos, a quienes conocían de viejas leyendas popularizadas por Richard Wagner en sus óperas.

Si bien las palabras del emperador pudieron haber funcionado bien para elevar la moral entre los militares alemanes, también se utilizaron para inspirar, a través del miedo, a los adversarios de Alemania en las dos guerras mundiales. La fuerza del sentimiento antialemán que evolucionó a ambos lados del Atlántico en la primera mitad del siglo XX aseguró el uso generalizado del epíteto "huno" entre los soldados que luchaban contra los ejércitos de Guillermo y Hitler. Se usaba para enfatizar lo que se podía esperar de ellos en el campo de batalla. Esto explica, en parte, la noción popular de hoy en día de que Atila era uno de los líderes más viles de la historia y que sus guerreros eran bandidos sedientos de sangre.

La fama sanguinaria de Atila en el mundo moderno proviene en parte de los prejuicios que se encuentran en fuentes escritas por autores romanos y griegos. Aunque él y sus guerreros eran realmente violentos, esto era bastante común en la época en la que vivían. Sin embargo, Atila era más que eso. Pero su reputación inminente en la historia eclipsa su brillantez y sus inteligentes estrategias para luchar contra poderes mayores con el propósito de ganar riqueza para él y su pueblo.

Vea más libros escritos por Captivating History

Lectura adicional

Christopher Kelly, The End of Empire: Attila the Hun and the Fall of Rome (Nueva York: W.W. Norton, 2009).

P. J. Heather, Empires and Barbarians: The Fall of Rome and the Birth of Europe (Nueva York: Oxford University Press, 2010).

www.ingramcontent.com/pod-product-compliance
Lightning Source LLC
LaVergne TN
LVHW042002060526
838200LV00041B/1831